자전거 여행
멀리 가서 본 행복

공복자 시집

【 작가의 말 】

대장정을 마치고

섬진강 시작점 배알도 수변공원을 돌면서
올망졸망한 소나무 솔방울이
가족 같기도 하고, 친구 같기도 한
어쩜 그렇게 소담스럽고 행복하게 보이는지요
가까이서 보이지 않았던 행복
멀리 가서 보았지요

국토 종주, 4대강 종주, 동해안 종주…

많지 않은 시간 틈을 내어
자전거 종주를 하면서
어려움도 행복함도 옆 지기와 함께
조각조각 모아서
조각보를 만들어 보았습니다

2025년 8월 서재에서
공복자 올림

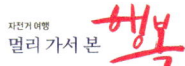
차 례

작가의 말 ·· 공복자 _ 3

제1부 대한민국 자전거길 국토종주

- 633 랠리 자전거길 1 _ 15
- 633 랠리 자전거길 2 _ 16
- 633 랠리 자전거길 3 _ 17
- 633 랠리 자전거길 4 _ 18
- 633 랠리 자전거길 5 _ 20
- 섬진강 자전거길 종주 _ 22
- 영산강 자전거길 종주 _ 23
- 금강 자전거길 종주 1 _ 26
- 금강 자전거길 종주 2 _ 27
- 동해안 경북 자전거길 종주 _ 28
- 동해안 강원도 자전거길 종주 _ 29
- 신매대교와 북한강 _ 30
- 여명의 북한강 자전거길 _ 32

제2부 백두대간

- 굽이굽이 가마득하다 _ 37
- 구룡령 _ 38
- 오대산에서 태백산으로 _ 39
- 포기하지 않는다는 것이 용기이다 _ 40
- 인생은 날씨와 같다 _ 41
- 구룡폭포, 지리산 _ 42
- 성삼재 _ 43
- 압록강에서 유람선을 타다 _ 44
- 백두산 협곡 계곡에서 래프팅을 하다 _ 46
- 백두산 천지 오르다 _ 47
- 큰 바다로 가려면 _ 49

제3부 DMZ 평화의 길 평화누리길 한반도 동서 횡단
― 경기도 김포에서 강원도 고성까지 5박 6일 종주

- 에피타이저 _ 53
- 경기도 평화누리길 _ 54
- 아름다운 산하 _ 55
- 오늘은 맑음, 백골이 될 때까지 _ 57
- 아흔아홉 굽잇길 _ 59
- 용기를 가져라 _ 61

제4부 서해 해안선 종주

– 인천 정서진에서 목포항까지 해안선을 따라
자전거로 5박 6일 종주

° 소래포구 _ 65
° 방조제와 섬 _ 67
° 삽교호 _ 68
° 대호방조제 이원방조제 _ 69
° 아기 사슴 _ 70
° 만리포 해수욕장 낙조 _ 71
° 대천방조제, 해수욕장 _ 72
° 고군산군도 _ 73
° 변산반도 _ 74
° 구시포 해수욕장 _ 75
° 영광 백수 해안도로 _ 76

제5부 제주도

- 가격 비교 그리고 자유 _ 81
- 검색대 _ 82
- 비행기를 타고 보니 _ 83
- 제주도 시내버스 타기 _ 84
- 자유여행의 묘미 _ 85
- 용암의 작품들 _ 86
- 파도 _ 87
- 따뜻한 제주도 2월 _ 88
- 우도 _ 89
- 가파도 _ 91
- 마라도 _ 95
- 드라쿵다 해변 _ 94
- 광치기 해변 _ 95
- 터진목 4·3 유적지 _ 96
- 아쿠아플라넷 _ 97
- 1,100고지 습지 전시관 _ 98
- 한라산 백록담 1 _ 99
- 한라산 백록담 2 _ 101
- 추자도 _ 103
- 나발론 하늘길 _ 104
- 추자도의 아침 _ 105

제6부 제주교구 성지순례

° 관덕정 _ 109
° 황사평 _ 111
° 복자 김기량 순교현양비 _ 112
° 대정성지 (정난주 묘) _ 114
° 새미 은총의 동산 _ 115
° 용수 (성 김대건 신부 제주 표착 기념성당) _ 117
° 성지 황경한 묘 _ 119

제7부 섬 섬 섬

- 천사섬 임자도 한 바퀴 _ 123
- 천사섬 안좌 바닷가 _ 124
- 천사섬 화도 노두길 _ 125
- 천사섬 증도 _ 126
- 천사섬 암태도 롤러코스터 _ 127
- 천사섬 무한의 다리 _ 128
- 천사섬 추포 마을 _ 129
- 통영 사량도 _ 130
- 통영 욕지도 _ 132
- 아름다운 여수 _ 133
- 강화도 일주 _ 134
- 깨어있는 울릉도 _ 137
- 독도 경비대 _ 138

제8부 멀리 가서 본 행복

- 머물지 않는 시간 _ 141
- 경우에 따라 _ 142
- 멀리 가서 본 행복 _ 143
- 자전거와 바람 _ 144
- 천태호는 안태호를 거쳐야 한다 _ 145
- 겨울은 봄꽃을 이길 수 없고 _ 146
- 낙동강 녹조 _ 147
- 내비게이션과 설렘 _ 148
- 처음 시작한 그곳에 오기까지 _ 149
- 강가를 바라보며 _ 151
- 영도 봉래산 불로초 공원 _ 152
- 도리마을 은행나무숲 _ 153
- 다대포 해넘이 _ 154
- 벚꽃 꽃비 _ 156
- 연지못 능수 벚꽃 _ 157

시집을 읽고 ·· 김종대 _ 159

제1부
대한민국 자전거길 국토종주

633 랠리 자전거길 1
633 랠리 자전거길 2
633 랠리 자전거길 3
633 랠리 자전거길 4
633 랠리 자전거길 5
섬진강 자전거길 종주
영산강 자전거길 종주
금강 자전거길 종주 1
금강 자전거길 종주 2
동해안 경북 자전거길 종주
동해안 강원도 자전거길 종주
신매대교와 북한강
여명의 북한강 자전거길

633m 랠리 부산 을숙도~인천 정서진

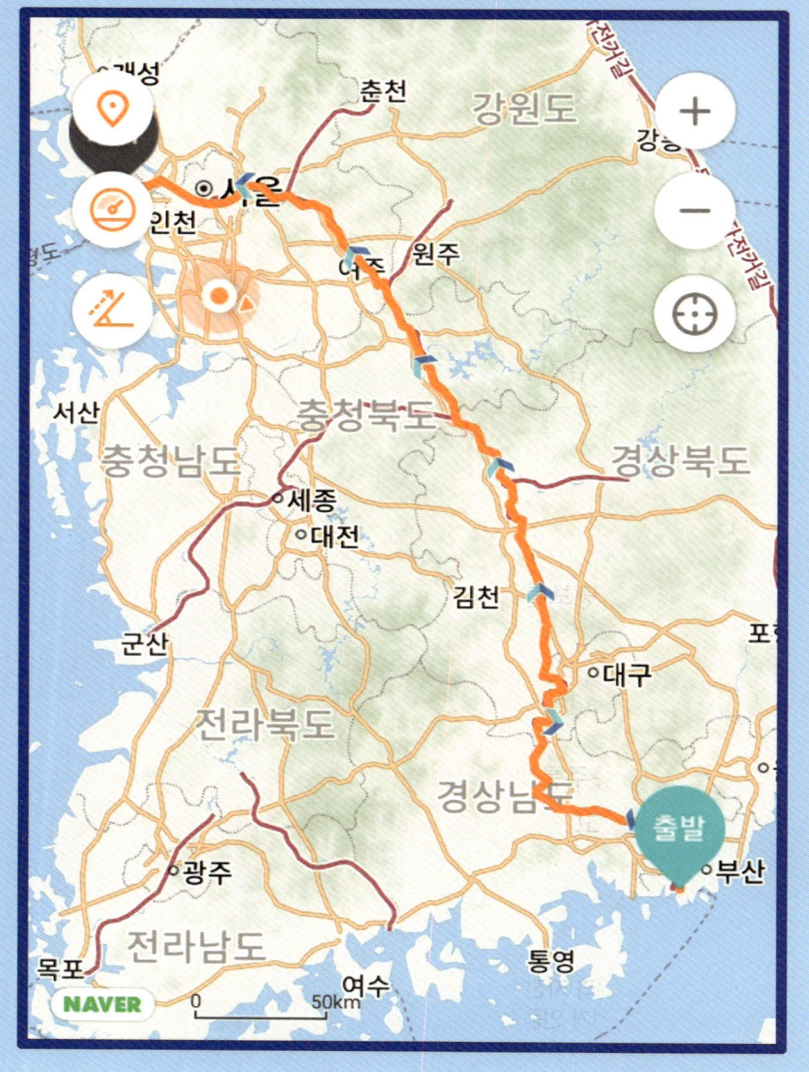

633 랠리 자전거길 · 1

을숙도 자전거 인증센터에서
낙동강 따라
양산 물문화관
창녕함안보를 지나

낙동강 전선 최후 방어선인
창녕군 남지읍 월상길 27
박진전쟁기념관
한국전쟁에서 몸을 바친 얼을
다시금 되새기며

합천창녕보를 가려면
13% 경사도 박진고개를
헉헉거리면 넘는다

국토 종주를 계획하고
결심하고
실천하여
아름다운 우리 강산 힘차게 저어보자

* 633 랠리 자전거길, 을숙도 자전거 인증센터에서 인천 아라갑
  문 자전거 인증센터까지 633km

633 랠리 자전거길 · 2

합천, 마늘 생산지로 유명하다
곳곳에 가로수 이팝나무 만개하고
철쭉꽃 아카시아 향기 가득하다

여행을 다니다 보면 전에
알지 못한 것을 발견하는 기쁨이 있다

우리나라에 처음 피아노가 왔다는
달성군 사문진 나루터의 피아노와
꽃밭 작품 피노키오의 항해가 있다

자전거 타기 좋은 낙동강길 중에
합천보에서 달성보로 가는 길이다
다람쥐가 재주를 넘듯 오르락내리락
자전거 타기 좋은 곳

오후에 비 소식이 있어서 일찍 마무리한다

633 랠리 자전거길 · 3

온종일 비 오고 바람 부는 일정이

구미보 지나
상주보 상주 상풍고 낙단보
문경 북정역 찍고
이화령 고개를 넘을 때
아리랑 노래가 나올 것 같았다
안개에 싸여 아름다운 곳!

우중 라이딩과 안개
구슬플 것만 같지만
기쁨의 라이딩이다

633 랠리 자전거길 · 4

잠시 햇빛이 날만 한데
어제에 이어 오늘도 온종일 비가 내렸다
쉬었다가 라이딩을 시작하면
쏟아지는 빗방울 더욱 굵다

속도를 내면 비를 더 많이 맞는 느낌
자연의 비를 온전히 맞으며
살아가는 동식물에 비하면
사람만치 나약한 존재는 없을 것이다

제대로 찍을 수 없는 사진
휴대전화기와 수첩
비닐로 감싸도 습기에 노출되었다

적나라한 아름다운 풍경
눈에만 담아가는 아쉬움에
눈도장 찍고 기억하려고 노력한다

빈센조 영화촬영지인 언더스트리트에비뉴는
비가 많이 와서 넘쳐나는 폭포수
산을 연결한 구름다리가 더 멋진 풍경 연출한다

관광차로 목적지에 쉽게 와서 얻어가는 느낌
자전거로 여행하는 느낌
도보 여행으로 체험하는 느낌은
제각기 다를 것이다
지금 느끼는 건 맛보기에 불과하다

낙동강을 지나 남한강
아름다운 풍경을 만나는 오늘
비가 와서 내내 아쉽다

633 랠리 자전거길 · 5

양평 군립미술관에서 팔당을 지나는 동안
남한강은 폭이 넓고 계곡을 끼어
산수가 수려함에 자전거 마니아들이
서울에서 내려와 돌아가는 코스인듯하다

이른 아침 일요일
비는 그치고
수많은 로드인들이 엄청난 속도로 내려온다
서울 사람이 이렇게도 자전거를 많이 타나 싶다
폐기차길도 여럿 지나
평지의 지루함을 완화 시켜 준다

구리시의 강변은 유채꽃이 만발하였다
구리시를 지나니 드디어 서울에 당도하였다
부산서 서울까지 자전거로 왔다니
하루하루 발걸음은 대견한 것이다

서울은 이날따라 공기가 좋고 시야가 깨끗하다
한강 강변 풍경은 유람선이 떠 있고
곳곳에 텐트를 칠 수 있는 곳이 많아
일요일의 휴식을 누리고 있다

아라한강갑문 스탬프를 찍고
경인아라뱃길 자전거길에서
마지막 종착지 아라서해갑문까지 라이딩은
종주 며칠 동안 고행
행복에 비해
단조로운 일상처럼 평화로움이었다

드디어 아라서해갑문 도착
완결 종결!

섬진강 자전거길 종주

배알도 수변공원
강에서 올라오는
아침햇살 받으며 출발한다
금빛 오렌지빛으로 눈이 부시다

섬진강을 달리면서
시인 김용택의 시상을 생각하며
구례구역에서 다슬기탕을 먹는다

날씨 시원하고 공기 상큼하다
이상한 나라 도깨비마을도 있다
남도의 정자 횡탄정 둥둥 바위 전설도 있다

내룡 마을의 수호신처럼 여기는
순창 장군목 요강 바위
6·25 한국전쟁 때
몸을 숨겨 목숨을 건졌다는 일화가 있고
아들을 낳기를 원하는 여인이 요강 바위에 들어가
치성을 드리면 아들 낳을 수 있다는 전설이 있다

올라올라 오늘의 종점 섬진강댐을 만난다

영산강 자전거길 종주

순천에서 아침 7시 출발
담양댐 인증센터로 향한다
담양댐에서 얼마 지나지 않아
자전거가 말썽을 일으켰다
준비되지 않은
생각지도 않은
변속레버 배터리가 소진되었다

기어 변속이 안 되어
검색하여 보니 자전거 점포가 있는 광주까지
무변속으로 힘들게 GO

메타스퀘이어길 담양대나무숲 길을
이쁜 줄 모르고 자전거에만 신경이 간다
광주 자전거 점포에서
새 배터리를 갈고 나니
편해지는 마음

보가다 각기 다른 디자인이다
승촌보가 둥글게 예쁘게 생겼다
시월의 자전거길 갈대와 억새 축제가 한창이다
나주읍성에 들러 인증사진을 하고

유명한 나주곰탕으로 점심을 했다

나주 느러지 전망대에 오르니
영산강을 굽이돌아
우리나라 지도와 같은 느러지 마을이 있다

시원한 바람과 아름다운 전망
자전거를 타기에
방방곡곡 다닐 수 있다

감사함으로 가득하다

배알도 수변공원 인증센터

느러지 전망대

금강 자전거길 종주 · 1

백제의 역사가 감도는
비단을 풀어 놓은 듯한 금강

공주보 인증센터에 차를 주차하고
백제보로 달린다
유월에 자전거를 타니 힘이 든다
백제보에 편의점이 있다
시원한 냉커피를 마신다

전망대에 올라가서 금강을 바라보니
예전 청양군과 부여군을 오가던 뱃길
왕진 나루가 있던 자리이다

5퍼센트 경사길 익산 성당포구를 올라
금강하구둑으로 가던 중
엄청난 바람이 분다
겨우 인증센터에 도착하여 인증사진을 한 후
역사와 현재가 공존하는 도시
군산으로 간다

바다 갯벌도 보인다
8월의 크리스마스 영화 배경이 된
초원사진관에서 사진을 찍는다

금강 자전거길 종주 · 2

금계국이 한창이다

대전 대청호 가는 길
산소 싱그러운 바람이 분다
접시꽃이 우리를 반긴다
자전거를 타지 않았으면
보지 못할 아름다운 길

소낙비가 오고 어둠이 깔린다
소낙비에 놀란 하루살이 얼굴을 친다
어둠이 오니 마음이 바쁘다
대청댐 가는 길은 오르막길
몸은 기진맥진하여 에너지가 고갈된다

저녁 산책하는 사람들이 많다
대청댐까지 완주!

동해안 경북 자전거길 종주

푸른 바다가 보이는
동해안 해안도로
길이 잘 닦여있다
철썩이는 파도를 보다가
산길로 가는 자전거길

낙타등으로 걱정했는데
생각보다 힘들지 않다

아름다운 섬에 온 듯
대한민국은 바다를 품에 안은 반도국임을
느끼게 한다

영덕해맞이공원
월송정
은어 다리
명성이 자자한 곳

자전거 라이딩
의미를 부여한다

동해안 강원도 자전거길 종주

강원도 삼척 동해
바람과 파도가 세다
파도와 해무가 마음을 요동치게 한다

추암촛대바위 인증센터
해파랑길의 멋짐을 와서 보지 않고는
감상을 말할 수 없을 정도다

정동진 바다를 도는 해파랑길
곡선의 아름다움을 말한다

파도와 세월이 바위에 부딪히고
바람 불고 파도가 거칠게 쳐
해무를 만나는 날
애국가 배경 화면이 되었다는
추암촛대바위

파도 거친 날엔
용이 흰 거품을 물고
승천하는 것과도 같다고 한다

그것을 알았으면
용이 승천하는 것을 볼 것을

신매대교와 북한강

해 질 무렵
신매대교와 노을을 만난다
낯선 곳에서 만나는 노을은 색다르다

신매대교 아래 놀던 해님과 노을
해님은 노을을 남겨 두고
강 아래 숨어 버린다

고슴도치섬과 고구마 섬이
멀뚱히 보고 있다

동해안 종주 추암촛대바위

2025년 6월 17일 오후 7:20

신매대교와 북한강

여명의 북한강 자전거길

춘천 인형 극장에서
북한강 자전거 신매대교 무인 인증센터
오늘도 사고 없기를 파이팅 한다
강촌교 방향으로 출발한다
자전거길이 싱그러운 시골길

얼마 갔을까
여명의 북한강을 만난다
신선한 아침
안개에 싸인 북한강은
물풀이 아침을 만나 솟아오르고
북한강을 둥글게 도는 나무 데크길은
미지의 세계로 안내한다

강물의 깊이가 얼마인지
물그림자는 청동빛이다
흔들거리는 물그림자 위로
아침 햇살이 비치고
갈 길을 멈춘다

제 2부

백두대간

굽이굽이 가마득하다
구룡령
오대산에서 태백산으로
포기하지 않는다는 것이 용기이다
인생은 날씨와 같다
구룡폭포
압록강에서 유람선을 타다
백두산 협곡 계곡에서 래프팅하다
백두산 천지 오르다
큰 바다로 가려면

자전거 타고 백두대간

고성 진부령에서 80령 백두대간 구례 성삼재까지

굽이굽이 가마득하다

길고 긴 오르막 끝이 보이지 않는다
아름다운 풍경
미시령 옛길 구절초가 바람에 하늘거린다
올라간 만치 내려오는 울산바위 절경
무엇으로 표현하리
목우재터널을 지나
한계령 올라간다
굽이굽이 가마득하다
한계령 휴게소에서 끝없는 다운을 하니
설악산 대청봉에서 내려오는
맑고 아름다운 오색천이 흐른다
맑다 맑다 시원하다

구룡령

강원도 홍천군과 내면 명계리와
양양군 서면 갈천리를 잇는다

산새가 얼마나 깊고 긴지
아홉 마리 용이 고개를 넘어가다 지쳐서
갈천리 마을 약수터에 목을 축이고
넘어갔다는 전설
안개에 싸여
몽환夢幻적인 광경이 펼쳐진다

해발고도 1,013m

오대산에서 태백산으로

강원도 평창 오대산 출발 비가 내린다
대관령 안반데기는 고랭지 배추 수확이 한창이다

무텁텁한 더위가
닭목령 이후 잠시 햇살이 난다

무더워 반소매로 달린다
정선에는 배추와 사과 양배추 농사짓는다
비가 내린다

건의령터널 806m 통과 후
끝없는 내리막길이다

오대산에서 태백산을 가로지른다
태백산 중허리를 가로질러 흐르는
계곡물은 돌 물결 거친 물살이다

태백산 중허리를 넘는
내 마음도 거친 물살이다

포기하지 않는다는 것이 용기이다

단양팔경 중 하나 사인암
가파르고 아름다운 절벽 바위

단양 맑은 계곡물을 지나
저수령 긴 오르막

고개 이쪽 편은 충북
고개 넘으면 경북으로
경계선의 저수령

벌재재는 옛길은 폐쇄되어
벌재 터널을 지나간다

문경 여우목고개는
여우목처럼 좁은 고개다

충북 단양에서 경북 문경까지
날씨 맑음

포기하지 않는다는 게 용기다

인생은 날씨와 같다

우중 출발하여 작점고개 인증사진 후
추풍령에서 길이 헷갈린다

무주구천동 자전거길
좋지 않아 회귀하여 공도로 간다

비는 계속 내리고
장대비로 몸 온도는 낮아지고
라이딩을 힘들게 한다
짐도 자전거도 무거워진다
흙모래 비로 범벅이 된 하루다
인생이 그런 게 아닌가 날씨처럼

우중에 덕유산 자락
숙소를 잘 찾았다
무주구천동 조용한 마을
귀한 숙소 민박집에서
저녁은 동태탕이다

구룡폭포, 지리산

전북 남원에서 전남 구례로
지리산 구룡폭포 가는 길에 구름을 만났다

어제 비가
오늘은 운무를 만들고
바람은 운무를 흐르게 한다

비가 만든 운무 안
바람과 빛의 풍광이
신의 세계를 만나게 한다

쾰쾰 쏟아지는 물길
휘감아 도는 폭포
아홉 용이
승천하고도 남을만하다

성삼재

구룡폭포를 지나 성삼재에 오른다

성삼재 팻말이 있는 곳에서
산 아래
마을을 본다

구름으로
마을이 사라졌다
보였다

지리산 성삼재
산안개만큼
내 마음도 아련하다

압록강에서 유람선을 타다

압록강 수풍댐 유람선을 탄다
유람선이 지나가는 길에
아름다운 물결이 출렁인다

다리 위에 가마우지가 가득하다
압록강은 가마우지 먹이 천국인가 보다

압록강가에 북쪽 사람은
노동을 하고 집으로 가고 있다
자전거를 타고 간다
옥수수밭이 질서정연하다

오늘이 가면 오늘은 오지 않는다
오늘 같은 오늘은 없다

오늘을 보내기 아쉬운지
유람선은
어둠을 타고 더욱 속력을 낸다

압록강 단교가 보이는 곳에서 유람선을 탄다

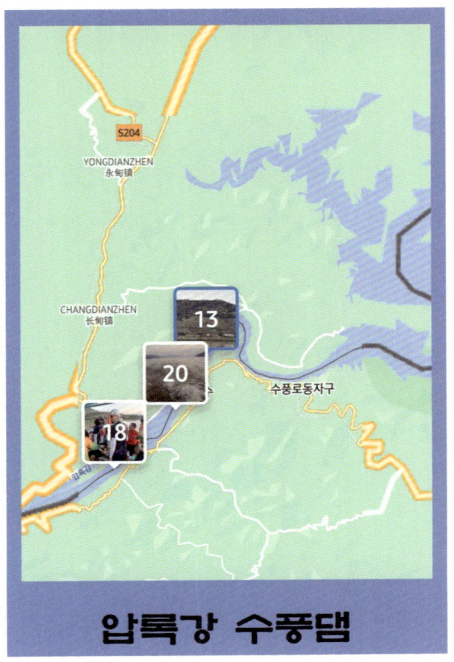

압록강 수풍댐

백두산 협곡 계곡에서 래프팅하다

백두산 둘레길 라이딩
노랑 들꽃이 활짝 피어있다
백두산 협곡 계곡 래프팅을 한다

자작나무 숲길에
백두산 천지에서 흘러나오는 계곡물
래프팅을 하면서 손을 담가 보았다
일 년 중 6개월 얼어있던 천지 물
얼음처럼 차갑다

올여름은 유난스럽게 더웠다
여름내 더웠던 몸과 마음을 씻기 위해서
차가운 계곡물에 손을 이쪽저쪽 담갔다

협곡의 래프팅은 아이가 되었다
깔깔깔 웃고
래프팅하는 사람들에게 장난도 친다

백두산 천지 오르다

백두산 천지를 오르려면
오전 1시 30분 출발하고
12시 30분 모닝콜을 한다

백두산까지 1시간 30분 거리
어둠을 뚫고 이동한다
남파는 출입이 금지되고 북파로 간다
오전 3시 5분 북파 입구에 도착한다

폭풍 전야같이
바람 한 점 없다
나뭇가지도 가만히

우리를 싣고 온 차
장백산 세계협곡공원에서
관리하는 차로 옮겨 탄다
자전거도 마찬가지이다
바람이 많이 불어서
자전거 라이딩이 불가능하단다

백두산 천지에 가까이 가니
모래바람이 거칠게 불고
걷기가 힘들다
빠른 걸음으로 천지에 이르렀다

북파
천문봉
구름이 약간 걸쳐 있다
천지 문이 열려 있다

그렇게 볼 수 없다는
천지를 깨끗이 볼 수 있다니

모두 좋아서 환호성이다
안개에 싸인 천지
천지문이 잠깐 열었다가
안개로 닫힌다는 소문
지금은 그렇지 않다

30여 분
푸르디푸른 천지를 응시한다

날씨가 흐려진다
휴게소에 내려오니
비룡폭포와 협곡이 눈에 들어온다

북파에 백두산이 전면 금지되었다
비가 온다
우리는 천운이다

큰 바다로 가려면
 - 대련항에서

배가 떠나기 위해서는 다른 배가 당긴다
부르릉 힘차게 당긴다

넓은 바다로 가려고
떠나는 배도 영차 힘을 준다
출발 도움을 받던 배는
끈을 놓아버린다

더 넓은 바다로 가려면
잡고 있던 끈을 놓아야만 한다

도움을 주던 배는
출발하는 배 뒤로 가서 밀어준다

끌어주고 밀어주고
드디어 큰 바다로 나아간다

비룡폭포

대련항

제 3부

DMZ 평화의 길 평화누리길
한반도 동서 횡단

– 경기도 김포에서
강원도 고성까지 5박 6일 종주

에피타이저
경기도 평화누리길
아름다운 산하
오늘은 맑음, 백골이 될 때까지
아흔아홉 굽잇길
용기를 가져라

에피타이저

　- 강남터미널에서 대명항까지

부산에서 4시간 30분 동안
고속버스를 타고 강남터미널에 내렸다
간단한 소고기김밥으로 점심을 한다

경기도 평화누리길 시작점인 대명항으로 간다
오랜 시간 앉았기에
몸풀기에 55킬로 라이딩은 적당하다

한강 변 자전거길 라이딩은 3번째이다
익숙한 듯
새로운 듯
지도를 보고
직접 와서 보는 현실감

경기도 평화누리 시작점인
대명항 옆 김포함상공원
평화누리길 아치 구조물이 있다

경기도 평화누리길

대명항 함상공원
출발부터 험난한 고바위
초반은 힘들지만
대부분 평지 수준이다

파주 출판도시 지나며 문산까지
북으로 가는 듯 시골길
높은 듯 다시 내려오고
다시 올라가곤 한다

김포길
고양 파주 평화누리길
많은 라이더를 지나친다

파주 출판도시 다 와 가니
힘이 빠지고
몸에 통증이 온다
몸이 피곤하다는 뜻일 거다
타이레놀과 가지고 온 것으로 보급한다

문산 입구에 오니 도시가 보인다

아름다운 산하

밤새 비가 왔다
출발하려고 해도 비가 그치지 않는다
7시에도 비가 그치지 않아 우중 출발이다

길에 물이 있어 자전거가 엉망이다
게다가 임진각 지나 오르막에서 펑크가 났다
시간이 지체되고 마음 불안한데 타이어를 바꾸었다

날씨가 맑아졌다
길은 아직 엉망이지만 감사하다
구름과 푸른 하늘 기가 막힌 가을이다

임도 공도 자도 싱글 길로 여러 가지 길
산길과 낙타등이다

아름다운 임진강이다
깨끗한 산하이다
비 뿌리다가 멈춘다

연천 고대산 역고드름의 유래는
6·25 때 탄약 창고로 사용하면서
미군의 폭격을 받아 터널 위쪽에
생긴 틈과 자연과 맞물려

역고드름 현상이 생겼다

경기도 평화누리길을 지나면 강원도이다
경계선을 보니 묘한 기분이 든다
달려서 철원에 도착한다

백마고지역 기념비엔
백마가 여유롭게 앉아 있다
조형물 말은
서 있는 말만 보았지
앉아 있는 말은 처음이다
작가의 의도와 앉아 있는 말이
말하는 뜻을 생각해 본다

철로가 멈춘 곳에
'철마가 달리고 싶다.'라고 한다

북한이 두고 간 노동당사가
뼈다귀만 있다
무슨 연유인지 공사 복원 중이다
노동당사 앞
철원 역사공원에서 사진 인증을 한다

오늘은 맑음, 백골이 될 때까지

스마트폰 습기로 인해
충전이 되지 않는다
고민하다가 3시경 일어나
드라이기로 말린다

휴대전화도 컴퓨터인데
휴대전화기를
완전히 끄고 충전하니 충전은 된다
얼마간 시간이 흘려보내고
휴대전화기를 켜니 습기 찼다는 문자가 없어졌다
성공이다
오늘 하루는 맑음을 예상한다

고석정에서
절경 아름다운 한탄강에 오르니
아름다운 미녀가 통곡하며 우는 듯한
한탄강 울음에 소름 돋는다

백골 부대 지나
백골 부대 기념관에 들러서
백골이 될 때까지 나라를 위해
몸 바친 국군 영령에게 묵념한다

철원 곳곳에 전쟁이 나면 사용할
대전차 방호벽이 있다
DMZ 전방에는
아직 끝나지 않은 분단
아픔의 흔적이 남아있다

가방을 자전거 뒤에 매달고
끝없는 업힐 수피령을 오르며
간간이 피어있는 구절초가
땀에 찌든 마음을 식힌다

화천 붕어섬에 도달하고
안도의 숨을 쉰다

아흔아홉 굽잇길

새벽 공기 햇살 맞으며
붕어섬 출발하여
푸른 나무를 낀 북한강
자전거길을 오르니
어제 힘든 것도 에너지가 된다

긴 업힐 해산터널은
우리나라 최북단 터널
1,986m로 직선 길이도
어마어마한 터널
자전거로 지난다

화천에는
살랑교
꺼먹다리
이쁜 순수 국어가 있다

낭군을 기다리는
풍산마을 처녀 고개
아흔아홉 굽이를 지나
오천터널
여러 터널을 거쳐

평화의 댐에 이른다
평화를 기원하는 세계평화의 종을 쳐본다

한반도의 배꼽 양구
양구 백자박물관이 있다

방산면 수입천댐
반대 플래카드가 펄럭거린다
도심 속에 호수, 호수 속에 댐 건설로
'내가 살던 고향은 어디에'
수몰을 걱정한다

용기를 가져라

잠도 깨기 전 오른 돌산령
해발고도 1,050m이다
안개 속 풍경
군인들이 위병소를 지키고 있다

악명 높기로 유명한 돌산령이기에
내려갔다가
한 번 더 올라가
사진을 찍는다
DMZ에서 나라 지키는 아들들
눈시울이 적셔진다

DMZ 펀치볼둘레길 4땅굴 을지전망대
여유 없이 지나며
양구통일관 그리팅맨이 인사를 한다

굽이굽이 길로 가니 설악산이다
바위를 치는 거센 물과
설악이 품은 푸른 숲이 시원하다

인제에 이르니 동국대학교 만해마을이 있다
만해 한용운님의 시 '알 수 없어요'

'그칠 줄을 모르고 타는 나의 가슴은
누구의 밤을 지키는 약한 등불입니까'
음미해 본다
만해마을 가까이 한국시집박물관이 있다

황태마을을 지난다
더운 열기를 식히는
산 위에서 떨어지는 인공폭포
사람의 힘은 무궁무진하다

바라보면 먼 길
용기를 가지며
조금씩 조금씩
가다 보면
고성 거진항에
닿으리

제 4부

서해 해안선 종주

– 인천 정서진에서 목포항까지
해안선을 따라 자전거로 5박 6일 종주

소래포구
방조제와 섬
삽교호
대호방조제 이원방조제
아기 사슴
만리포 해수욕장 낙조
대천 방조제, 해수욕장
고군산군도
변산반도
구시포 해수욕장
영광 백수 해안도로

인천 정서진 ~ 목포 목포항

- 출발 인천 정서진
- 소래포구
- 삽교호
- 만리포해수욕장
- 대한민국
- 군산
- 구시포해수욕장
- 도착 목포 목포항

소래포구

서해안 해안선 종주를 시작한 첫날
부산에서 인천터미널로 점프하고
정서진에서 출발
소래포구에 첫 밤을 보낸다

자전거와 여행
설레이는 마음으로 소래포구에 오니
도시 물결이 밤바다에 출렁인다

소래포구를 돌아보니
역사가 가득한 곳이다

소래포구 밤바다 예쁘다
지하철 소래포구역도 있다
꽃게 새우 조형물이 있어
아이들이 위에 가서 논다
사람들 밤에도 운동하고
자전거도 탄다

인천시 남동구 논현동에 있는
서해안에 있는 포구
솔애의 작은 포구

소래 깨어난다는 한자어가 되었다
소라 지형처럼 생기기도 하다
소나무숲이기도 하다

1930년대 염전이 생기면서 유명해졌다

1937년 일본이 수인선 협궤열차가
부설되면서 소래포구역이 생겼다

1974년 새우잡이 소형어선이
새우 파시로 발전하여 재래어시로 발전하였다
1990년 염전은 폐쇄되고
소래습지생태공원이 조성되었다

서울이 가까운
철교가 있는 아름다운 바다
아파트가
많이 있다

방조제와 섬

시화호 방조제
대부도
제부도
화성 방조제
삽교 방조제

방조제와 섬
섬과 방조제를 이으며 긴 라이딩을 한다
갯벌이 되었다 바다가 되었다
날씨 탓으로 해무 가득한 회색 바다다

삽교호

삽교호 호수공원 야경에 만취한다
당진 삽교천을 막은 삽교천
바닷물이 들어오지 못하게 막아 삽교호가 되었다
바닷물을 막고 담수호를 내보내기 위해 설치된 배수
관문이 있다

삽교호 다리 밑에 비가 오는 것처럼
물이 찬다 따다닥 차오른다
파도가 친다

어둠이 깔리니 삽교호 바닷물이 들어오는 때이다

물결치며 삽교호에 에워지는 물
천지개벽이다

대호방조제 이원방조제

당진을 지나 서산이다

대호방조제 위에 라이너가 달리며 손짓한다
우리도 올라가 보니 서해가 펼쳐진다

도로가 아닌 서해를 보니 시원하다
오늘은 맑은 날 맑은 바다다

회색보다
푸름 더하다

방조제 위로 달린다
이원방조제 옆에 만리저수지를 끼고 있다
바다와 저수지를 낀 풍광

은계국도 같이 달린다
민어도 팻말이 보인다
민어도를 뒤로 하고

펼쳐지는 거대한
화력발전소 태안발전본부를 끼고 돌아
신두리로 오른다

아기 사슴

오르락내리락 섬들과 산
낙타등이 수 없다

아기 사슴
철망이 있어
산으로 올라가지 못하고
푸다닥거린다

옆에 어미 사슴이 바라본다
가슴이 뭉클하다

산짐승을 보면
새끼만 보여도
항상 엄마가 보고 있다

만리포 해수욕장 낙조

서해 3일 만에 서해 노을을 볼 것 같다
숙소를 정하고 소머리 곰탕 저녁을 하고
기대에 부풀어 바다로 나온다

낙조다
등대와 섬을 풍경으로
해가 바닷속으로
잠수하고 들어가려고 잔물결 치며 입수한다

황혼을 즐기며 모래 장난하는 아베크
갈매기 떼와 노는 아이
평화롭다
전망대에 오른다

붉게 타오르는 낙조
몸을 사른다
아로지는 해변
카메라로 놓칠 수 없는 낙조에 몰입한다

대천 방조제, 해수욕장

대천 방조제를 지납니다
아름다운 날은 방조제 옆에는 호수가 됐습니다

꽃들과 함께 드라이브 정말 좋습니다
동해는 시끌벅적했는데 서해는 한적합니다
예쁘고 도로도 넓습니다

대천해수욕장에는 이른 여름
사람들이 많습니다

가족 나들이 조형물이 평화롭습니다

고군산군도

군산에는
신선이 노닌다는
고군산군도가 있습니다

비흥항을 지나
새만금 방파제는 길이 4.6킬로입니다
사람들은 낚시합니다
새만금 방파제를 지나
선유도 장자도를 갑니다

바다를 배경으로
길가 야생화가 활짝 핍니다
작은 섬
아름다운 섬을 이은 방파제와 다리
자연이 빗은 거친 바위의 섬
푸른 나무 아름답고
푸른 바다와 먹거리 가득 실은 배들의 정박
달려도 달려도 질리지 않는 풍경

영화처럼 살 수만 있다면

변산반도

오르락내리락
오르락내리락
갯벌도 보이지만
절벽과 암벽으로 아우르는 산길

예리한 조각을 한 바위
깊은 수심에 잠기기도 하고
부안 변산면 격포리
후박나무 군락지인 적벽강
해안가에 쌓인 검은 바위는
몇만 권의 책처럼 보이는 채석강

해안가 풍경은
부드럽기도 하고
사자가 포효하는 듯
거칠기도 한
변산반도

구시포 해수욕장

해안가로
산인 듯
벌판인 듯

길 따라가면 마을로
해안가를 가려니 산이 막혀

굽이굽이 돌다가
노을 질 때

시골 바닷가 구시포 해수욕장으로
발길을 돌린다

한적할 것만 같아도
사람이 북적거린다

영광 백수 해안도로

  – 구시포 해수욕장에서 목포항까지

이른 아침 구시포 해수욕장에서
영광 백제 불교 최초도래지
해안도로를 가다 보니
물그림자와 갯가 먹이를 잡는 백로가 그림이다

영광대교를 옆에 두고
백수 해안도로 들어가니 하얀 등대가 예쁘다
가파른 절경과 단조로운 해안
깊고 푸른 바다
길고 긴 해안도로
굽이치는 낙타등이 무려 16.8km에 이른다

영광하면 굴비이다
영광 모시떡을 사서 요기를 한다
화장실 사용하게 배려를 해준
시골 할머니 인심도 본다

계속된 산길 라이딩을 한다

무안국제공항을 지난다
제주항공 사고 잔해가 아직도 남아 방치되어 있다

점심을 해도 에너지는 충전이 되지 않아
마지막은 힘겨움과 인내의 라이딩이다

목포시 바다가 보인다
바닷가 산길로 가다가 시내로 돌입한다

힘겨움. 끝에 개선장군으로
목포역에서 GPX는 끝이다

목포역에서 목포항까지
계획한 대로 도달한다

5박 6일의 서해 해안선 종주 완주다
파이팅! 하며
시원한 얼음 음료수 마시고
목포 시외버스터미널로 가서 끝을 맺는다

서해 해안선 종주 MT라이딩

6. 6일차 6월 1일
구시포해수욕장~백제불교최초도래지~
영광굴비~영광대교~백수해안도로~
산길 라이딩~무안국제공항
~톱머리해수욕장~톱머리항
~목포역~목포항~목포시외버스터미널 110km

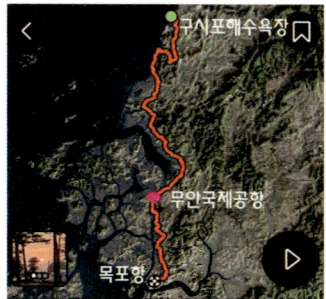

목 포 항

제 5부

제주도

가격 비교 그리고 자유
검색대
비행기를 타고 보니
제주도 시내버스 타기
자유여행의 묘미
용암의 작품들
파도
따뜻한 제주도 2월
우도
가파도
마라도
드라쿤다 해변
광치기 해변
터진목 4·3 유적지
아쿠아플라넷
1,100고지 습지 전시관
한라산 백록담 · 1
한라산 백록담 · 2
추자도
나발론 하늘길
추자도의 아침

용두암

대한민국 100대 명산
5월 한라산(해발고도 1,950m) 등정

가격 비교 그리고 자유

여행을 자유로 하고 싶으면
자유여행이다
처음인 것이 어찌 이리 많은지
육지가 아닌 섬 제주드로 가려면
비행기나 배를 이용할 수밖에 없다
자전거 마니아인 우리 부부는
제주도 여행이 자전거로 도는 것이다

비행기는 ○○닷컴이 싼가 하고 이용했지만
이름만 ○○이고 다른 사이트와 똑같다
숙박 예약 사이트에서 후기를 보고 괜찮다 싶으면
직접 호텔 이름을 검색하여 들어가니
방마다 가격 비교가 나온다
가격이 조금 더하지만 바다가 보이는 방을 예약한다
떠나기 전 설레는 마음으로 보낸다
여행은 간단히 늘 말하던서도
여행 가방을 준비하면 가져갈 게 왜 그리 많은지
일어나서 먹는 우유와 우유에 넣어서 먹는 가루들
건강을 지키고자 나름대로 먹거리
상비약품과 여분의 옷 양말
휴대전화 여유 배터리 고프로
준비하다 보니 두 가방이다

여행은 자유롭게 해야 하는데 또 짐이다

검색대

여행사를 통하지 않았기에
스케줄 관리는 우리가 하여야 한다
여유 있게 와서 커피 한잔하고
2층 탑승장으로 간다

신분증과 모바일 탑승권은 불편하다
역시 종이 탑승권이 편하다
검색대에 가방 2개 휴대전화 올리니 통과
뚜하고 검색대에 걸린다

자전거 고장 날 때 사용하는 만능드라이버다
5센티미터가 넘는다고 규정에 어긋난다고
흉기가 된다고
수화물로 부치라고 한다

비행기를 타고 보니

이제 탑승이다
비행기가 이륙하기 위해
새가 날기 위해 도약하듯이

다닥다닥
뛰어오른다
진동이 온다
저 하늘로 난다

상공에서 보는 부산은 지도와 같다
비행기 타면 하늘만 보는가 했는데
내가 사는 지상을 보니 경이롭다

제주도까지 가려면 배로는 망망대해인데
비행기를 타고 보니 볼거리가 있다
배가 고기 헤엄치는 것 같다
무인도 같은 섬은 그냥 점이다

제주도 시내버스 타기

공항에서 호텔 가는 버스 검색하고 102번을 탄다
호텔에서 짐 풀고
근처 명태 명가에서 맛있는 늦은 점심하고
자전거 대여점으로
202번 버스를 탄다
자전거 대여점은
공항에서 조금 위인데 20코스를 지나서이다
시내버스를 타니 제주도 사람인 것 같다

자유여행의 묘미

용두암 가려고 한 것은 아니었다
용두암 팻말이 보이길래
두 사람은 한마음이 되어 용두암으로 향했다

해 질 무렵 용두암을 바라보니
용두암에 해가 걸려 있었다
비행기가 날아간다
우리는 행운이다
자유여행은 이런 것이다

늦은 저녁은 하나로 마트에 들러
빵과 떡 제주산 감귤막걸리 좁쌀막걸리 한 병 사고
밀치회 1만 원에 매력을 느낀다
귀한 고등어회를 사지 못한 것을 후회하고
내일을 기약한다

용암의 작품들

4시에 눈을 떴다
막걸리 한 잔이면 취하는데
석 잔을 마셔도 거뜬히 일어난다

바다가 전망인 호텔에서 하룻밤
기분이 상쾌했다
간단히 아침을 하고 애월 해변도로를 걷는다

용암이 분출한 작품
화려하기보다는
은근한 속정의 결실

옻칠로 가구를 빚은 듯한
자연의 작품

청정바다 매력에 빠진다

파도

밤이 새도록 파도는 철썩거리고 있다
무엇이 그렇게 그리운가?

따뜻한 제주도 2월

애월 해안 도로를 빠져나와
서귀포로 가는 시내버스 202번을 탄다
서귀포 올레 시장까지 2시간 10분
114개 정류소를 지난다
제주도가 이렇게 넓은가?
아! 맛있는 점심을 서귀포 올레 시장이 기대된다

비닐하우스도 없이
통통한 커다란 양배추를 수확하고 있다
서귀포는 밀감이다

올레 시장에 도착
메뉴는 전복뚝배기 성게미역국
제주도는 밥값이 비싼 것 같다

서귀포 중앙 로터리에서
201번 시내버스를 타고 성산 일출봉으로 간다

지나는 길에 커다란 무가 한창이다
이 계절에 통통한 무라니
제주도는 따뜻한 기운이 감도는 곳이다
평대리 동동 서동에는
당근을 수확하여 판매 중이다

우도
- 소를 닮은 섬

우도를 가려면
성산포 종합 터미널로 간다

성산포항에서 우도 도착하는 항은
천진항 하우목동항이 있다

성산포항에서 아침 7시 첫배가 있고
30분 간격으로 배가 출항하는 것 같다
날씨만 좋으면 배는 많이 있다

우도에 도착하였다
섬 속의 섬
자연 그대로의 섬 우도다

전기자전거를 타고 우도를 한 바퀴 돌아 본다
천진항 출발하여 하우목동항까지다

우도에는 비양도라고 섬이 또 있다
한림읍에도 비양도가 있다
파도가 치는 바위로 된 비양도 끝까지 간다

우도의 모래는 하얀색
하얀색의 모래에 바닷물은 더 푸른 빛
에메랄드빛이다

어떤 이가 말을 타고 하얀 백사장을 달린다
영화의 한 풍경

우도에서 보이는 성산 일출봉
제주도 동쪽임이 분명하다

가파도

9시 가파도 배 출발이다
파도가 거칠어서 마라도 첫 배는 결항이라
가파도까지 간다
바지선 위에 가마우지가 먹이를 노리고 앉아 있다
파도가 세다
가파도는 제주도보다도
더 제주다운 섬이라고 한다
돌담집 담벼락에 그림들이 예술이다
돌담 사이사이에 다육식물들이 송골송골 제주답다
바람과 돌이 많은 가파도
제주도 본섬에서 볼 수 없는
제주스러운 분위기

마라도

마라도로 간다

9시 40분 첫 배가 출항하기에
제주도청에서 환승하여
151번 타고 운진항(모슬포항)으로 간다

마라도 정기여객선 9시 40분 출항하여
돌아오는 시간 11시 50분이다

초단타로 마라도 한 바퀴 돌아와야 한다
어정대면 짜장면도 못 먹는다
가파도와는 다른 분위기이다

바람이 많기에 큰 나무는 없다
풀과 억세 토끼풀 엉겅퀴와 방풍나물이 많다

조금 걸어가니 등대가 있다
등대를 지나니
마라도 성당이 보인다

성당이 아담하고 이쁘다
잔잔한 성가가 흐른다

성모님을 잠시 만나고 발길을 돌린다

시간이 촉박한데
그냥 돌아가기 아쉬워
마라도 짜장면을 먹으러 간다
짬뽕도 시켰다
애꿎은 시간이 짧아 생선회는 못 먹는다

가격 좋고 싱싱한 해물은 짜장과 짬뽕 속으로
홍합 새우 전복 문어 톳나물 해물의 진수성찬이
맛있게 먹고 살레덕 선착장으로 발길을 돌린다

번갯불에 콩 구워 먹듯이 후딱 왔다 간다
인생도 그러할 것이다

드라쿵다 해변

아쿠아플라넷에서
드라쿵다 해변으로 가는 한적한 바닷길
해변이 특이하다

해변 바닥이 딱딱해서 걸을 수가 있다
해변 바닥 딱딱한 것은
용광로의 입김이 바다로 와
식어서 딱딱하게 굳은 것 같다

신양지층으로 말하는 이 바다
현무암 조개껍데기 등으로 구성되었다고 한다

어느 시골 바다 해변처럼 한적하기 이를 데 없다
이 좋은 곳이 한적하다니

광치기 해변

광치기 해변은
조개껍데기와 모래가 섞여서
모래가 시꺼먼 색이다
바닥이 깊어서 풍풍 들어갔다
드라쿵다 해변과 가까워도
판이한 제주도 해변
신기하다

터진목 4·3 유적지

성산면 지역주민이
토벌대에 끌려와 학살당한 흔적들
400여 명이 소청 특별중대가 거주하면서
학살과 통곡의 소리가
뇌리에 울려 퍼지는 듯
잠시 묵념한다
전쟁이 끝나고
평화가 오기까지의 시간!

아쿠아플라넷

광활한 바다에 있는 물고기
아쿠아플라넷 수족관으로 넣기까지
바다 같은 환경을 만들다니

어마어마한 수족관 시설과 노고는
내가 하고자 이루고자 하는 일이
얼마나 미약한 것임을 알게 되었다

1,100고지 습지 전시관

제주도 1,100고지 습지를 라이딩한다
사골 청국장으로 아침을 시작한다
오전 8시 40분 출발
제주도 도청 방향으로 올라간다
말 타는 곳도 보이고
사슴도 나를 본다
2월이라 마른 나뭇가지 풍경
한라산 1,100고지까지 나무는 주로 산죽이다
1,100고지까지 걸어서 가면
오르기 힘든 길을 자전거로 간다
시절이 2월이라 손발이 다 얼었다
1,100고지 습지 전시관에
한라산의 나무와 곤충 새와 꽃들 생태 사진이 있다
좋은 계절에 보고 만났으면 좋겠다
관음사로 하산하였다

한라산 백록담 · 1

네이버 일기예보는 비가 오지 않는다
구글 제주도 일기예보는
오후부터 비 올 확률 70퍼센트 80퍼센트다
어떻게 해야 하나
강행하기로 했다

관음사 입구로 QR코드 인증
들어갈 때는 햇빛이 나고
산길이기에 시원했지만 땀이 많이 난다

평소에 운동을 별로 하지 않은 사람은
남녀 구분 없이 얼굴이 발갛다
무리라는 뜻이다

삼각봉을 지나니
안개와 구름이 만났다 흩어졌다
용트림하였다

해발 1,500m 이상에서만 볼 수 있는
고산식물이 보인다

살아서 100년
죽어서 1,000년
구상목이 지상에서 볼 수 없는 세상에 펼쳐진다

끝없이 걸어서 안개 속을 걸어가니
비바람이 태풍처럼 심하다

휘몰아치는 바람 속에 비옷도 입지 않은 채
안개에 쌓인
백록담을 만난다

한라산 백록담 · 2

안개에 싸인 백록담

백록담 비석 앞에 인증사진을 하기 위해
사람들 줄이 기다랗다
백록담이 안갯속에서 잘 보이지 않는다

돌로 된 백록담 표지석 앞에 사진을 찍었다
너무 추워서 비옷이라도 입고 추위를 달래야 했다

나무로 된 백록담 표지석 앞
사람이 없어서 또 인증사진을 한다

비바람치고 안개에 싸였기에
산 아래 풍경을 볼 겨를이 없다

성판악 코스로 내려가니
어마어마한 현무암 돌계단이다

큰 바윗돌로 내려가려니 지옥의 계단인가?
힘들게 올라가는 길은 천국의 계단이었던가?

장대비로 사진을 찍을 수가 없다

험난한 돌무덤의 길은
계곡물이 내려갈 길처럼 변해버렸다

돌계단의 관음사 코스 시작하여
성판악 코스로 내려오는 사람이 있다

화산 돌계단과
비의 사투에서 끝이 없는 듯
사연을 안고 내려온다

추자도

추자도
파도가 조금만 거칠어도 결항이다

시티투어 1111을 타고
제주 연안여객선으로 간다

며칠 결항으로 추자도 손님이 많다
잔잔한 바다 한 시간 만에
상추자도 선착장으로 왔다

내일 아침 제주도로 다시 돌아오기 위해서
순례가 힘든데 택시 운영하시는 분 안내로
황경한 묘소
눈물의 십자가 성지를 잘 다녀왔다

나발론 하늘길

나발론 하늘길을 보기 위해서
맞은편 갯바위로 갔다
바닷물 풍화작용으로 거칠게 되어 있었다
푸른 수평선을 바라보면
압도하는 시원함
내재한
강인한 정신력을 보는 듯하다
아름다움과 거침의 추자도이다

추자도의 아침

섬마을 특유의 좁은 골목 낮은 집
언덕바지의 집
더러 빈집이다
집 앞에 큰 통은 젓갈 통

추자도에 물이 귀해
큰 물통이 많다
이제는 정수한 물 잘 나오고
큰 물통은 젓갈 통이 되었으리라

젓갈 통을 품은
언덕바지 집 사이로
아침 햇살이 비친다
고향을 그리워하는 마음에도
햇살 비친다

나지막한 뒷동산에는
야생꽃들이 무성하다
아침 햇살 바닷바람
넘실넘실 춤을 춘다
바다 배들도 춤을 춘다

제 6부
제주교구 성지순례

관덕정
황사평
복자 김기량 순교현양비
대정성지 (정난주 묘)
새미 은총의 동산
용수 (성 김대건 신부 제주 표착 기념성당)
성지 황경한 묘

관덕정

   - 신축교난

신축교난 때
많은 천주교 신자가 관덕정에서
처향 당한 민란군

1886년 한불조약을 조선 땅에
공식적인 박해는 끝났음에도
신축교난의 발생은
부패한 관리와 유생과의
천주교인의 충돌이었다

신축교난은
1901년 5월에 발생하여 6월에 종결된
신축교난의 또 다른 이름
이재수의 난이라고도 하고
제주민란이라고도 한다

제주교구는 2003년 11월 7일
1901년 '제주항쟁 기념사업회'와 더불어
'화해 선언문'을 발표하였다

교회는 과거 전통사회의 문화를
'제대로 이해하지 못하고 선교활동을 펼쳤다.'

'제주민란으로 무고한 천주교인이 희생되었다.'
인식을 버리고 화해와 화합을 길을 열었다

관덕정 스탬프는 제주 주교좌성당에 있다

제주 주교좌성당을 찾으려고
바로 지천에 두고 한 바퀴 돌았다

지도에 나타난 길을 가보지 않고는 알 수 없다

황사평

　– 순교할 때의 마음

황사평 성지는
신축교난으로 희생된 무명의 순교자 묘역이다
황사평의 다른 이름은
황새왓 황수왓이라고도 한다

관덕정 등지에서 희생된
교우들과 양민들의 시신을
별도봉과 화북천 사이 기슭에 옮겨
가매장하였다

사태가 진정된 후
교회는 무연고 시신 31기를
황사평에 이장하여

천주교 제주 선교 100주년을 맞아
공원묘지로 새롭게 단장하여
무명 순교자 합장묘를 조성하였다

제주도에 계속 비다
비가 오는 중에도 쉴 수가 없어
황사평 성지로 왔다
길이 잘 닦여져 있다
빗방울도 거세다

순고할 때의 어려움과 마음이 맞닿는다

복자 김기량 순교현양비
 - 주님의 보호

김기량 펠릭스 베드로는
제주 조천읍 함덕리 사람으로
소규모 무역상을 하였다

1857년 제주도 근교를 항해하다가
풍랑을 만나 한 달간 표류하다가
중국 광동성 해역에서
영국 배에 구조되어
홍콩에 있는 한국외방선교회에 인도되었다

제주도 출신으로 처음 세례를 받고
제주도에 최초로 복음을 전파하였다
거제도에 선교하러 갔다가 체포되어 투옥되었다
창살형을 받고 곤장을 수없이 맞았으나
끝까지 신앙을 지켰다
이듬해 51세의 나이로 교수형으로 순교하였다
관헌들은 그의 가슴에 대못을 박았다

한국천주교주교회의에서
윤지충 바오로
동료 순교지 123위
증거자 최양업 신부를

하느님의 종으로 선포하였다

김기량 베드로도
하느님의 종으로 선포하고 시복하여
신앙과 순교 정신을 기린다

어제까지 비가 오고
오늘은 그쳤다
숙박지에서 한 시간여 자전거로 달렸다

남편의 도움으로 제주도 순례길은 순조롭다
이 모든 것이 주님의 보호이다

감사드립니다
아멘

대정성지 (정난주 묘)

- 신앙의 증거자

정난주 마리아는
정약용의 맏형 정약현의 장녀다
신유박해 때
남편 황사영이 순교하고
제주도 귀양 오는 도중
아들을 노비로 만들지 않기 위해서
추자도에 두고
제주목 대정현에 노비로 오게 된다

37년을 믿음으로 살다가
1838년 66세에 나이로 사망하게 된다
순교자의 삶과 같이
굳건한 신앙의 증거자로 살아왔기에
후손들은 순교자의 반열에 올리게 되었다

얼마나 신앙을 위해 증거 할 수 있는
우리인가?
나인가?

새미 은총의 동산

새미 은총의 동산은 복음 테마가 있다
예수님 탄생부터 최후의 만찬까지
12개의 주요 사건을 표현한
예수님 생애 공원과 삼위일체 대성당이 있다

무구한 세월 속에
짧은 성지순례로 무엇을 말할 것인가?
성골롬바노외방선교회 소속
사제 페트릭 맥글린치 신부가
한림성당 주임신부로 부임하면서
한림읍 금악리에
넓은 목장을 확보하고
성 이시돌 농촌산업개발협회를 설립하고
제주도 축산업을 발전시킨 역사가 있다

신자만 아니라 비신자에게도
박애의 정신을 실천하고 있다

산으로 끝없이 자전거를 타고 오른다
잠시나마 은총의 동산에서 묵상하며 걸어본다
많은 시간이 은총이
새미 은총의 동산에 안겨 있다

대정성지

새미 은총의 동산

용수
– 성 김대건 신부 제주 표착 기념성당

김대건 신부는 1845년 8월 17일
중국 상해에서
한국인 최초로 사제품을 받았다

8월 31일 페레올 주교와 다블뤼 신부 등
일행 13명과 함께 '라파엘호'를 타고
상하이항을 출발하여

서해 바닷길을 귀국하던 중
큰 폭풍우를 만나 표류하다가
9월 28일 용수리 해안에 표착하게 되었다

김대건 안드레아 일행은
고국에서의 감격 어린 첫 미사를
용수리 해안에서 봉헌하고
배를 수리한 후
전북 금강 하류 나바위에 상륙하여 귀국하였다

경기도 용연에서 사목활동을 하다가
1846년에 체포되어 혹독한 고문을 받았다

그해 9월

머리를 새남터에서 거는
군문효수형으로 순교하였다
나이 25세이다

성지를 찾아온다는 자체가 축복입니다
마음을 두고 정신을 두고 기도합니다

김대건 신부님의 용기에
주님의 은총이 내립니다
아멘

용수(성 김대건 신부 제주 표착 기념성당)

성지 황경한 묘

- 추자도

신유박해 때 백서사건으로
부친 황사영이 순교한 후
어머니 정난주가 2살 된 아들을 데리고
제주도로 유배를 간다

유배 도중에 아들만은
관노로 살게 하고 싶지 않았던
어머니 정난주는 눈물을 흘리며

하추자도 갯바위에
어린 2살 된 아들을 두고 떠났다
오상선이라는 어부께서 자기 아들로 키운다

황경한 묘를 지나 갯바위로 가면
정난주가 아들을 두고 온 눈물의 십자가가 있다

파도치는 바위 끝에
정난주 마리아
어린 아들을 두고 떠나온
어머니의 마음을 기리며
눈물의 십자가가 바위 끝에 세워졌다
슬픈 사연이 있다

안내하는 분이
김수환 추기경님이 추자도에 왔을 때
황경한 묘소 가기가 힘들고
추자 공소가 작고 초라해서
도움을 주셨다고 한다

황경한 묘소 순례 후
또 한 묘가 있었는데
황경한 양아버지 묘라고 알려 주었다

추자도 눈물의 십자가

제 7부
섬섬섬

천사섬 임자도 한 바퀴
천사섬 안좌 바닷가 다섯 마리 개미 조형물
천사섬 화도 노두길
천사섬 증도
천사섬 암태도 롤러코스터
천사섬 무한의 다리
천사섬 추포 마을
통영 사량도
통영 욕지도
아름다운 여수
강화도 일주
깨어있는 울릉도
독도 경비대

임자도 대파밭

암태도 천사 대교

천사섬 임자도 한 바퀴

참깨를 심어 자식 공부를 시킨 임자도
요즘은 대파가 물결친다
스핑 쿨러가 자동으로 물을 준다

파밭을 지나
갯벌 단단한 대광해수욕장
해변 승마로 유명한 태곳적 바다에서
자전거를 탄다

해수욕장 지나니
섬 산길
오르락내리락
산등성이에서 보는 바다 풍경
한 폭의 산수화를 그린다

산에서 내려오니
퍽퍽 빠지는 갯벌을 만난다
어떤 용기 있는 사람 갯벌 낚시를 한다

천사섬 안좌 바닷가
- 다섯 마리 개미 조형물

안좌도 바닷가에
다섯 마리 개미 조형물이 있다

첫째 낚시하는 개미
둘째 바이올린 켜는 개미
셋째 망원경으로 멀리 보는 개미
넷째 독서하는 개미
다섯째 명상하는 개미

조형물을 만든 작가의 마음은
고기도 낚고
바이올린을 하여 인생을 가다듬고
망원경으로 더 넓은 세상을 보고
책을 읽어서 지식을 넓히고
욕심을 버리고 명상한다

내가 하나 추가한다면
달리는 개미가 있었으면 한다

작가는 개미처럼 부지런한 사람인 것 같다

천사섬 화도 노두길

거세게 부는 바람 속에
화도 노두길

섬과 섬을 잇는 노두길은
물이 들어오는 밀물 때엔 바다가 되고
물이 빠지면 썰물이 되어 길이 되어

구약에 나오는
모세의 기적 같은 일이 일어난다

화도 노두길은 갯벌 천국이다
게들이 들쑥날쑥한다

얼마나 귀가 밝은지
자전거 소리에도 얼른 구멍으로 들어간다

노두길 지나 화도에도 사람이 살고 있다
농사를 짓는다

천사섬 증도

오르막을 탄다
섬을 도는 것 재미있다
오르막이 있으면 반드시 내리막이 있다

증도는 임자도 보다 경사가 완만하다
반면 바람이 무지하게 불어서
속도가 제대로 안 난다
그래도 재미있다

여행과 자전거 라이딩을 겸하고
섬 오르막에서 보는 바다 전경
파도 나무 풀 거칠게 부는 바람
바람을 통한 바다 향기
섬만의 맛이다

천사섬 암태도 롤러코스터

5시 기상

천사 대교 아래
바람에 지나가는 차 소리 왱왱거린다

여행이란 단어에 롤러코스터를 탄 기분이다

현재 살아가는 것이 힘든 시점이라면
시끄럽고 괴로워서 잠을 이루지 못했을 것이다

암태도 사람들은 태풍에 어찌 견딜까?

천사섬 무한의 다리

힘든 산길 지난 후
바닷가 무한의 다리 앞에 기념사진을 찍고

12시 점심시간
배가 출출하기에
가게에 커피와 붕어빵과 오방빵을 주문해 먹는다

매생이 붕어빵이었다
까칠까칠한 맛과 매생이 향기가 나는 붕어빵
참으로 맛있다

무한의 사랑을 담은 무한의 다리와
동도를 잇는 테크길
바다를 지르는 이색적 풍경

바다와 바람과의 만남
자연 속의 겸허한 나를 만난다

천사섬 추포 마을

추포대교를 지나
추포도 작은 섬

몇 사람 살지 않는
추엽 마을에는 수호 나무가 있다

포도마을에는
함초도 있고
벼농사
파 농사를 짓는다

추프 해수욕장에서
해송이 추포도 품위를 지킨다

해 질 녘 실루엣이 멋있다

통영 사량도

비 그치기 전
사량도 라이딩을 시도했습니다

좋아하면
비가 와도 괜찮습니다

가오지 선착장에 도착하니
먹구름이
맑음으로 게였습니다

하늘이 너무 맑네요
사량도로 가니 노을이 지네요

차박을 하고

알록달록 지붕
바다와 산
섬만의 느낌

해안도로 오르락내리락
전망대에 오르면
지리산이 보인다는 지리망산을 지나며

바다에 배가 잔잔히 떠 있습니다

바닷속에
이쁜 배가 서로 바라보며
친구합니다

상도 하도 사랑대교로
해안도로 일주 라이딩 35킬로였습니다

통영 욕지도

욕지도에 가기 위해서
통영 삼덕항에서 출발합니다
1시간여 뱃길을 타고 가면
아름다운 다도해가 보입니다

안개에 쌓인 욕지도 라이딩하기 더욱 좋습니다
욕지도에는 고기가 풍부합니다
삼천포 남해 통영 사람들이
욕지바다 때문에 먹고 삽니다

해물이 풍부하여
일제 강점기에 아픈 역사가 있지만
목욕탕 당구장 여관 번성하였다고 합니다

낙타등이 있어도
아름다운 풍경에 힘들지 않습니다

욕지도엔 밤 풍경이 아름답습니다

아름다운 여수

여수 하멜전시관 공영주차장에 차를 주차하고
300년 전 네덜란드 사람
하멜 표류기를 여행합니다

낭만포차에서 여수 밤바다를 음미합니다

다음 날
자전거로 여수 한 바퀴 돌아 봅니다
여수 엑스포 세계박람회 광장이 있으며
폐철길을 따라 도보 하이킹하는 사람도 만납니다

섬을 배경으로 한
아름다운 여수에는
여자만 갯노을길이 있습니다

섬섬 백 섬 고흥 가는 길도 있습니다
고흥 가는 길은 다음으로 미루고
여수 시내로 복귀하였습니다

바다를 낀 시골 마을과
도시를 한 바퀴
자전거로 라이딩 하였습니다

강화도 일주

출발하려는데
자전거 뒷타이어가 밤새 바람이 빠졌다
빵쿠의 주범을 찾는데 찾지 못하고
시간만 보내다가 타이어를 교체한다

강화 초지대교로 건넌다
초입에 만나는 개벌
흑색의 모호한 색상 속에
살아 숨 쉬는 생명이 있을 것이다

강화도는 섬 일주하기에 잘 닦인 길
오르락내리락
힘들지 않도록 적당한 평지가 있다

섬이라서 오지일까? 싶지만 오산이다
고속도로 같은 대로가 잘 놓여 있다

옛날에는 왕족이 유배되었고
지금은 서울 근교로 힐링하기 좋은 곳으로
커피점 팬션 글루밍 텐트촌이 많다

점심으로 뼈해장국 먹고 나오려던 중

사람들이 사진도 찍고 사인도 받아서 쳐다보니
'나는 자연인이다.'에 나오는 윤택 리포트였다
사진도 찍고 사인도 받고

강화역사관에서 인증사진을 하고
강화 통일전망대에 올라가서 북한도 본다
가톨릭 성지 갑곶순교성지에서 기도를 한다

처음 시작한 강화 초지대교로
한 바퀴 이쁘게 그림을 그리고 나왔다

대명항에 갈매기 울고 노을이 지고 있다
실루엣의 사진을 포착하며

짧은 시간
만감의 시간을 보내고
귀로에 오른다

강화도 통일전망대

깨어 있는 울릉도

깨어있는 울릉도

울릉도는 잠을 자지 않는다
맑은 물을 위해서 밤새
바닷물을 정화한다
괭이갈매기는
파도에도 눈을 떼지 못하고
조각 잠을 잔다

어부도 상인도 바다 물길도
늦은 밤까지 작업하고도
동트기 전부터 부산하다
출항을 위해서
그물이며 밧줄을 정리한다

괭이갈매기는 에~ 에~ 에~
어부보다 더 분주하다
부지런한 울릉도 사람은
가족을 위해 조각 잠을 자고도
아침이면 거뜬하다

독도 경비대

어둠 속에서도 희망을 안은 바위섬
척박하고 거친 파도 소리에도
동해의 끝에 꿋꿋이
독도를 지키는
독도 경비대

파도 소리 처얼썩
외로움 처얼썩
독도에서
괭이갈매기와 도요새 친구 하며
어두운 밤에도
국토 지킴이 등대와 함께
독도를 지킨다

제 8부
멀리 가서 본 행복

머물지 않는 시간
경우에 따라
멀리 가서 본 행복
자전거와 바람
천태호는 안태호를 거쳐야 한다
겨울은 봄꽃을 이길 수 없고
낙동강 녹조
내비게이션과 설렘
처음 시작한 그곳에 오기까지
강가를 바라보며
영도 봉래산 불로초 공원
도리마을 은행나무숲
다대포 해넘이
벚꽃 꽃비
연지못 능수 벚꽃

머물지 않는 시간

바쁘게도 다닌다
많이도 보았다
사랑도 인연도 자연도
멈추지 않고 변화한다
이 시간
행복한 시간
붙들고 싶은데
어느새 저만치 가고 없다
아이의 발걸음이 천 리를 간다고

째깍째깍 멈추지 않는구나

경우에 따라

인생의 오르막길은
행운이다
잘못하다간 내리막길이다
고달프다

자전거의 오르막길은 힘들다
숨이 심장 끝까지 닿는다
내리막길은
재미가 극치다
잘못하다간 큰 사고가 난다
생명이 위험할 수도 있다

멀리 가서 본 행복

광양 배알도 수변공원에서
머리 위의 소나무를 쳐다보았지요
솔방울이 올망졸망 가득했어요
눈앞에 보이는 수변공원은
한적한데
싱그러운 공기가
소담스럽게 봄을 한껏
품었나 봐요
솔방울에 행복만 가득했어요
가까이서 보이지 않던 행복
멀리 가서 본 게지요

자전거와 바람

굴러서 풀 가까이 간다
바람과 함께 간다
생각은 단순하게
마음은 편안히
나무에게 간다
살랑거리는 바람아
헛되고 헛된 걱정일랑 말려버려라
즐거움도 외로움도
바람과 함께
풀과 함께
웃자

천태호는 안태호를 거쳐야 한다

삼랑진 천태호를 가기 위해서는
안태호를 지나야 한다

안태호를 거치지 않으려면 헬기를 이용해야 한다
헬리콥터를 이용하기 위해서는 부자가 되던지
위급상황에 해당하는 일이다

천태호를 가는 가을은
오색단풍의 완만한 경사 길이다
여느 산길은 오르막 내리막의 묘미가 있는데
천태호 가는 길은
해발 401미터 높이가 완만한 산길이다

완만한 경사길로 올라가는 산길
약간 힘들지만
굴곡을 느끼지 못하는 인생길과도 같다
쉬엄쉬엄 가다 보면 천태호에 도달한다

천태호를 가기 위해서는
형제 호수인 안태호를 거쳐야 한다
형제가 있는 가족은 외롭지 않을 것이다
천태호는 홀로 외롭지 않다

겨울은 봄꽃을 이길 수 없고

겨울은 봄꽃 진달래꽃을 이길 수 없고
봄은 여름 계란꽃을 이길 수 없다
여름은 가을 국화를 이길 수 없고
가을은 겨울바람을 이길 수 없다

낙동강 녹조

녹조 낀 강물은 무엇 때문인가?
강물은 바다로 흘러가야 하는데
낙동강 물 녹조가 끼었다
물은 물 흐르는 그대로 흘러야 하는데
문명의 이기로 물이 썩는다

비가 온다
바람이 분다
녹조 낀 물이
흙탕물과 뒤섞인다
코로나19로 인해 많은 공장이 가동하지 않는다
녹조가 사라진다

많은 생각들로
내 마음의 녹조가 낀다
바람이 불고 태풍이 불 듯
시련과 고통을 잘 견디면
내 마음의 녹조도 깨끗해진다

내비게이션과 설렘

낯선 곳을 여행하는 것은
설렘과 기쁨이 있다

가보지 않은 곳을 간다는 것은
불안하다
지도와 내비게이션의 인도를 받는다

아는 것이 얼마나 큰 재산인지
그 재산을 모으기까지 시행착오를 겪는다
그래서 획득한 지식은 가치 있다

타인으로부터 얻은 지식은 잊기 쉽지만
힘들게 알아낸 정보는 자기 재산이 된다

처음 시작한 그곳에 오기까지

물금취수장 출발하여
한림면 수문을 지나 봉하마을

노무현 생가까지
승용차를 타고 가면 느끼지 못하는
소똥 냄새가 난다

농사짓는 사람들 풍경 흙냄새
날아다니는 풀씨들

자전거를 타고 가면서 만나는
낙동강의 푸른 물

갈대들의 사각거림
감성을 자극하고도 남는다

가야 할 곳을 향해
울퉁불퉁한 자갈길도
매끄러운 자전거길도

바람을 타는 즐거움은
힘든 에너지를 이긴다

전직 대통령이 고향을 찾아온 곳
봉하마을

청와대를 떠나 시골 벽촌으로
세상의 부귀영화 접어두고
고향으로 돌아온다

과연 나도 성공했다면
내가 시작한 그 자리로
다시 돌아올 수 있을까?

강가를 바라보며

자전거를 타고 가다 강가에 잠시 시간을 낸다
쉼 없이 달릴 때는 앞만 보았는데
유유히 흐르는 강물을 보니
이런저런 생각이 난다

어제 내가 어떤 어려움이 있었다고 하나
아프리카 그 어린아이보다 어려웠으랴

초등학교 갈 나이에 밭에서 고구마를 심고
10시간도 넘는 시간의 대가로
옥수수 3개를 받았다

코끼리 다리 병에 걸린 엄마와 언니가
어두운 밤이 되어서야 겨우 한 끼를 해결한다
신발도 없이 화산 찌꺼기 있는 밭에 농사한다

깨끗한 물에 발을 씻고
신발만 신어도 걸리지 않는 코끼리 다리 병

세상은 공평하지 않다고 불평하는 나에게
심금을 울린다

영도 봉래산 불로초 공원

고구마 첫 재배지
영도 조내기 고구마 역사가 있는 봉래산

가파른 골목길
등이 굽은 할머니가 있고
구멍가게가 있다

가파른 봉래산을 오르니 숨이 차다
불로초를 먹은 듯이 오래 산다는
불로초 공원이 있다

전망대에 오르니
부산 사방 바다

북항대교 남항대교가 훤하다

도리마을 은행나무숲

묘목 판매를 목적으로
은행나무를 심었다는데

현대인들은 좋은 것이 많다고 해도
자연의 노란 색깔이 좋아서
수많은 사람이 찾는다

11월 중순
노랗게 잘 익은
은행나무숲을 이루니
사람들도 숲을 이룬다

조금만 이국적이어도
이쁘다고 찬사를 하는데
쭉쭉 뻗은 은행나무들

보러온 사람들 사이에
누런 호박도 팔고
빨간 당근도 판다

세상에 찌든 때
노오란 은행잎으로 씻는다

다대포 해넘이

오늘이 지나면 새해이다
1초 2초 3초…. 60초
1분 2분 3분…. 60분
1시간 2시간 3시간…. 24시간
하루 이틀 삼일…. 30일
1월 2월 3월…. 12월
1년

우리는 숫자에
시간에 연연한다
지금도 째깍째깍
초가 지난다

다대포 해넘이를 보러
사람들이 몰려온다
한 해를 보내는 이 시각
지는 햇살이 붉다

마지막 생명이 활활 타오른다
갈대는 붉게
사람은 빨갛게

저마다 다른 모습으로 살다가
지는 해를 보내기가 아쉬워하며
기도하는 모습이 아름답다

손을 꼬옥 모으고
가는 해에게
소원을 담아 해를 보낸다

미움 아픔 기쁨 모두 안녕

아, 다대포
바다인데 산이 해를 품는다

벚꽃 꽃비

- 합천호

합천호 100리 벚꽃길에서 바람에 꽃비 내린다
벚꽃처럼 살 수 없을까
아련한 연분홍빛 벚꽃
푸른 하늘에 하늘거리다
못내 겨워 바람결에 같이 춤춘다

연지못 능수 벚꽃

능수 나무처럼
수양벚나무처럼
능수 벚나무 벚꽃
연지 못 가에 출렁거린다
세상이 시끌벅적 소란스러워도
봄바람에 하늘거리는 능수 벚꽃
새 각시들 연분홍 옷 갈아입고
연지 못에 나왔다
봄맞이 수줍은 대화로
연지 못가는 시끌벅적하다

연지못 능수벚꽃

【 시집을 읽고 】

도전과 기록은 역사가 되고 시가 됩니다
– 공복자 시집 『멀리 가서 본 행복』을 읽고 –

먼저 참으로 대단하다는 생각이 듭니다. 차량도 아니고 걸어서도 아닌 자전거로 길을 나선다는 건 도전이고 역사가 됩니다. 삶도 그렇지만 글쓰기도 마찬가지입니다. 기록이 없는 역사는 역사가 될 수 없는 한계를 지닙니다.

글 또한 그렇습니다. 쓰지 않으면 남아있지 않고 보고 들은 기억은 점점 잊혀 갑니다. 그래서 메모하고 남긴 자욱이 글제가 되고 시제가 되는 것입니다. 멀리 가서 본 현장의 상상像想과 이미지가 오롯이 남은 사진과 더불어 남아 전해지는 가치를 만든다고 여깁니다.

공복자 시인의 시집 『멀리 가서 본 행복』은 그런 의미에서 소중하게 다가왔습니다. 저로서는 엄두도 못 내는 자전거로 국토 종주, 4대강 종주, 제주도와 백두산까지 그랜드 슬램을 달성했습니다. 또한 전국 해안선과 섬, 울릉도와 독도까지 모두 종주하는 대장정을 했다는 그 자체만으로도 충분한 의미가 있습니다.

국토종주 제주도 백두산 그랜드 슬램 인증

여기에서 시적 이미지와 운율을 넘어 '도전과 기록'에 방점을 찍은 소중한 체험의 기록인 겁니다. 아마도 많은 분이 이 시집을 읽는다면 간접 경험과 함께 혹시 떠날지도 모를 여행길의 안내 책자가 될 것입니다. 여기에서 자기감정과 느낌, 바라보는 시선視線에 따라 또 다른 시가 태어날 것입니다.

공복자 시인은 시집 『멀리 가서 본 행복』을 준비한 계기를 이렇게 말합니다. "환갑이 지나 일하던 사진관은 경기 쇠퇴로 그만두게 되었고, 치매에 대한 두려움과 늙어감에 대한 두려움이 있습니다. 일상에서 벗어나 자전거라는 도구를 이용해서 세상을 다시 보고 나를 찾고자 도전을 시작했습니다. 여행하면서 겪은 우여곡절과 삶에 대한 용기를 스스로 북돋우고자 했다. 이번 시집은 버킷리스트를 완성하는 결실이다."라고 말합니다.

그러면서 대장정의 국토 종주를 계획하고 부산 을숙도에서 시작하여 인천까지 633km를 4박 5일로 도전하였습니다. 낙동강 자전거길, 새재 자전거길을 지나 한강 자전거길을 거치면서 좋은 날과 비가 오는 날도 만났습니다. 포기하지 않고 인천 아라서해갑문까지 633킬로 등의 기록을 시라는 형식을 빌려 남기고자 한 것입니다.

이뿐만이 아니었습니다. 백두대간과 DMZ 평화의 길, 동해안과 서해안, 제주도와 여러 도서 지역까지 기록을 통한 시심의 전달은 다른 자전거 동호인이나 독자들에게 당시의 상황과 느낀 점을 고스란히 전하게 될 것으로 확신합니다.

이 시집은 여정에 따라 종주별로 나누고, 지역을 안배하여 8부로 구성하였습니다. 총 97편의 시와 중요

한 기록 사진을 사이 사이에 배치하고, 제가 읽고 느낀 마음과 전체적인 줄거리를 담아 엮습니다.

먼저 제1부 〔대한민국 자전거길 국토종주〕에서는 13편의 시를 수록하며, 자전거로 달리며 국토를 보고 느낀 대로 생생하게 기록합니다.

부산 을숙도 자전거 인증센터에서 출발하여 낙동강을 따라 대구와 김천을 지나 충청북도를 넘어 여주에서 서울로 그리고 인천 정서진 아라갑문 자전거 인증센터까지의 633km, 633 랠리 자전거길을 달립니다. 그리고는 영산강, 금강 자전거길 종주를 이어갑니다. 4대강을 다 섭렵하고 동해안을 타고 경북과 강원도에 이르는 여정은 종주의 역사적인 발자국이라 하고 싶습니다.

제2부 〔백두대간〕에서는 11편의 시를 수록하며, 백두대간과 백두산 압록강 등을 찾아 따라가며 느낀 점과 상황을 풀어 봅니다. 「굽이굽이 가마득하다」라는 길을 「포기하지 않는다는 것이 용기이다」라고 말하며 달립니다. 「인생은 날씨와 같다」라는 체험을 몸소 느낍니다. 압록강과 백두산에서의 체험은 아무나 느끼지 못하는 소중한 기록이 됩니다. 「백두산 천지 오르다」에서는 쉬이 볼 수 없는 천재의 장엄한 자연을 마주합니

다. 아마도 감동이었을 겁니다. 그리고 발견합니다. 대한민국의 영상, 대한 국민의 결기와 포부를 펼칩니다.「큰 바다로 가려면」어찌해야 할지를 노래합니다. 장엄한 백두대간의 기록은 영원히 남을 유산처럼 공복자 시인에게도 남아있을 겁니다.

제3부〔DMZ 평화의 길 평화누리길 한반도 동서 횡단〕에서는 6편의 시에다 느낀 점을 담았습니다. 경기도 김포에서 강원도 고성까지 5박 6일 종주는 한반도 평화를 비는 절절한 마음입니다. 동족상잔의 비극과 분단의 아픔은 아직 끝나지 않았습니다. 마치 그 아픔을 위로하듯 자전거로 달린「경기도 평화누리길」과「아름다운 산하」를 마주합니다.「백골이 될 때까지」나라와 국민을 위해 온 힘을 쏟은 전몰 국군 장병을 기억합니다.「아흔아홉 굽잇길」을 용기 내어 달리며 한반도 평화를 노래합니다.

제4부〔서해 해안선 종주〕에서는 11편의 시 속에 서해안을 따라가며 바라본 경치와 종주 여정을 담았습니다. 인천 정서진에서 목포항까지 해안선을 따라 자전거로 5박 6일 종주한 기록입니다. 해안선에서 만나는 곳 모두가 아름다운 우리의 자연입니다. 여러 방조제와 해수욕장 등 관광자원으로서의 가치보다 마음이 치

유되는 여정이라고 여깁니다.

　제5부〔제주도〕에서는 21편의 시로 제주도 전체를 돌아본 여정을 표현하고 있습니다. 반도만이 아닌 제주도와 여러 섬에서 만난 이야기가 이후 부별로 이어집니다. 천혜의 섬 제주도는 우리나라의 보물과 같다고 생각합니다. 그곳으로 향하는 길 공항 「검색대」와 「비행기를 타고 보니」 느끼는 마음 새롭습니다. 시내버스를 타고 「자유여행의 묘미」를 느끼며 제주도의 면면을 보면서 자전거는 달립니다. 마주하는 하나하나가 「용암의 작품들」이고 해변과 섬들은 감탄을 자아내는 풍경입니다. 명산 「한라산 백록담」을 담고 「추자도의 아침」을 맞이합니다.

　공복자 시인은 가톨릭 신자입니다. 시인은 제6부〔제주교구 성지순례〕에서 7편의 시 속에 종교와 관련된 서사를 담고 있습니다. 천주교 제주교구 성지순례를 통해 믿음의 뿌리를 더듬고 있는 것입니다. 박해의 현장 「관덕정」과 「황사평」, 제주도에 신앙의 유산을 뿌리고 남긴 순교자 김기량과 정난주, 황경한과 한국의 첫 번째 사제 성 김대건 신부 제주 표착 기념성당 등을 둘러보며 믿음의 길을 묵상합니다.

제7부 〔섬 섬 섬〕에서는 11편의 시로 섬과 사람, 자연을 만나고 있습니다. 서해와 남해, 동해의 끝자락 울릉도와 독도까지 찾으며 섬에서 섬섬옥수를 찾아냅니다. 어쩌면 외로운 섬일 수 있겠으나 전혀 외롭지 않은 섬이 되기를 바라는 시편이 펼쳐집니다. 이 글을 보면 찾아가고 싶은 마음이 커지면서 풍경을 상상합니다. 아름답게 깨어나는 장면과 마음을 만납니다.

제8부 〔멀리 가서 본 행복〕에서는 17편의 시로 집을 떠나 멀리 가서 느낀 다양한 장면과 삶의 애환을 토로하며 행복을 노래합니다.

> 광양 배알도 수변공원에서
> 머리 위의 소나무를 쳐다보았지요
> 솔방울이 올망졸망 가득했어요
> 눈앞에 보이는 수변공원은
> 한적한데
> 싱그러운 공기가
> 소담스럽게 봄을 한껏
> 품었나 봐요
> 솔방울에 행복만 가득했어요
> 가까이서 보이지 않던 행복
> 멀리 가서 본 게지요
>
> −「멀리 가서 본 행복」 전문

잠시 쉬는 시간 보이지 않던 게 보입니다. 무심하게 지나칠 만한 소나무와 솔방울이 유난히 달리 보이는 까닭이 무엇일까요? 가까이 있는 걸 발견하지 못하는 이유일 지도 모르겠습니다. 공복자 시인은 「멀리 가서 본 행복」을 노래하면서도 자신이 사는 가까운 곳 이야기를 노래합니다.

「머물지 않는 시간」을 통해 「자전거와 바람」을 맞으며 자전거로 여행을 하고 돌아온 길입니다. 「처음 시작한 그곳에 오기까지」의 소회를 밝히며 「낙동강 녹조」와 강가를 바라봅니다. 「다대포 해넘이」를 너머 봄이 온 「연지못 능수 벚꽃」과 「벚꽃 꽃비」를 맞으며 지나온 여정을 이렇게 기록의 시편으로 남깁니다. 스스로만이 아니라 시문학사의 작은 업적이 되기를 소망합니다.

공복자 시인은 말합니다.
"이번 시집 발간을 통해 버킷리스트를 완성한 결실을 거두게 되었습니다. 시라는 형식을 통한 대한민국 자전거길 국토 종주와 백두대간과 DMZ 평화의 길, 동해안과 서해안, 제주도와 여러 도서 지역까지 기록을 통한 시심의 전달은 다른 자전거 동호인이나 독자들에게 당시의 상황과 느낀 점을 전하게 될 것입니다. 「멀리 가서 본 행복」을 전하는 도구가 되기를 바랍니다. 또한 출간된 시집은 전국 공공도서관, 대학교 등에 보급하여 독서인과 시를 사랑하는 분들이 저의 시집을 만날 수 있었으면 좋겠습니다. 시와 건강과 희망을 전하고 싶습니다."

저자만이 가지고 있는 자전거를 이용한 여정이라는 독특한 발상과 접근을 응원합니다. 아마도 자기에게 작가 의식을 더욱 견고히 하는 계기가 되었으리라 믿습니다.

시집을 읽고 감히 말해 봅니다. 누구도 쉬이 하지 못한 도전과 기록, 시편의 탄생은 저로서도 참 좋은 만남이 되었습니다. 이 시집을 읽는 독자와 함께 공감하고 싶습니다. 여행을 떠나는 마음으로 '멀리 가지 않아도' 좋은 행복을 만나시기를 소원합니다. 공복자 시인의 문운이 날로 성장하시기를 축원합니다. 또한 건강을 빕니다.

* 김종대 시인 (예인문화사 대표)

자전거 여행
멀리 가서 본

공복자 시집

인쇄 2025년 8월 20일
발행 2025년 8월 31일

지은이 **공복자**
　　　M. 010-2552-4388 / E. kongbog@hanmail.net

펴낸이 **김종대**
펴낸곳 **예인문화사**
등록번호 제2017-000008호 (553-01-00646)
　　　부산광역시 수영구 망미로22번길 49(망미동) 3층
　　　M. 010-3845-8599 / E. gaserol@hanmail.net

값 15,000원
ISBN 979-11-92010-47-2 (03810)

* 잘못된 책은 바꾸어 드립니다.
* 저자와 협의하여 인지는 생략합니다.

부산광역시 BUSAN METROPOLITAN CITY　부산문화재단 BUSAN CULTURAL FOUNDATION

본 사업은 2025년 부산광역시, 부산문화재단 〈부산문화예술지원사업〉으로 지원을 받았습니다.